Este libro pertenece a

. . . .

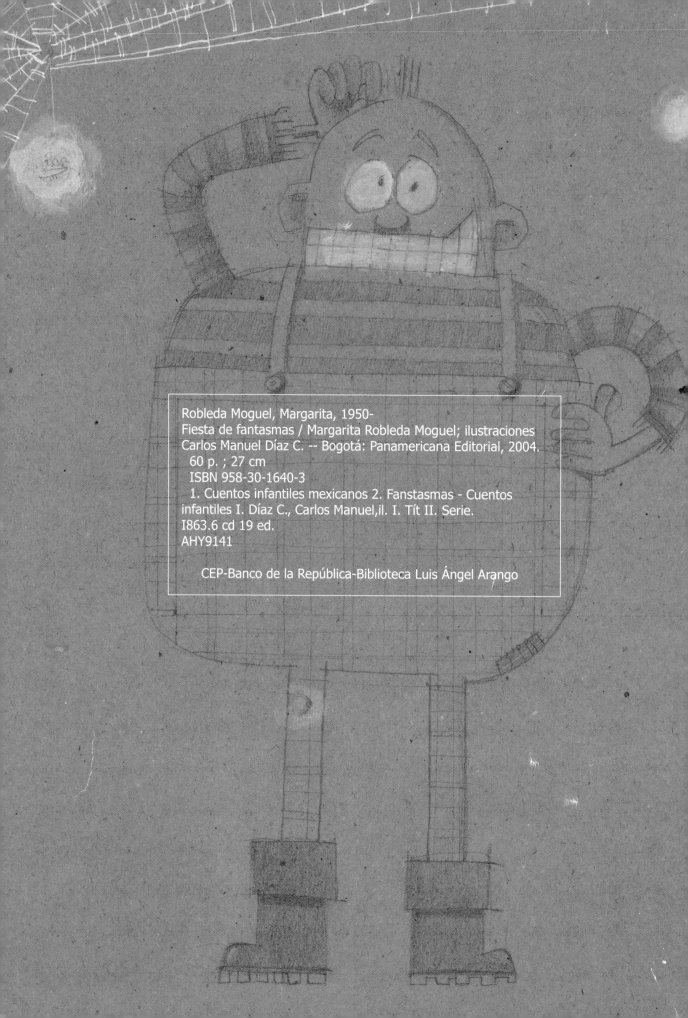

Robleda Moguel, Margarita, 1950-
Fiesta de fantasmas / Margarita Robleda Moguel; ilustraciones
Carlos Manuel Díaz C. -- Bogotá: Panamericana Editorial, 2004.
   60 p. ; 27 cm
   ISBN 958-30-1640-3
   1. Cuentos infantiles mexicanos 2. Fanstasmas - Cuentos
infantiles I. Díaz C., Carlos Manuel,il. I. Tít II. Serie.
I863.6 cd 19 ed.
AHY9141

          CEP-Banco de la República-Biblioteca Luis Ángel Arango

Editor
Panamericana Editorial Ltda.

Edición
Raquel Mireya Fonseca Leal

Ilustraciones
Carlos Manuel Díaz Consuegra

Diagramación y diseño de cubierta
Diego Martínez Celis

Primera edición, octubre de 2004

© Margarita Robleda Moguel
© Panamericana Editorial Ltda.
Calle 12 No. 34-20. Tels.: 360 3077 - 2770100. Fax: 2373805
Correo electrónico: panaedit@panamericanaeditorial.com
www.panamericanaeditorial.com
Bogotá, D.C., Colombia

ISBN: 958-30-1640-3

Impreso por Panamericana Formas e Impresos S.A.
Calle 65 No. 95-28 Tels.: 430 2110 - 430 0355
Fax: (571) 2763008
Quien sólo actúa como impresor.

Impreso en Colombia   Printed in Colombia

Fiesta
de fantasmas

Margarita Robleda

Ilustraciones
Carlos Manuel Díaz Consuegra

PANAMERICANA
EDITORIAL

Para Juan Carlos Macías Valadéz Robleda

Un 30 de febrero, de esas veces que el domingo
cae entre semana, Trúcula Torreblanca, de profesión
fantasma, suspiró entre carcajadas
de pura satisfacción.

Desde hace más de 100 años,
tiene la ilusión de organizar una fiesta
de amigos, para invitar al Fantasma
Inglés que durante muchos siglos le ha
hecho ojitos transparentes, pero por
una u otra razón: que si una guerra
por aquí, que si un terremoto
interrumpió las comunicaciones,
que si una larga siesta de más de una
decena de años, que si qué sé yo...

los años fueron pasando y su vieja ilusión
se llenó de telarañas al igual que toda ella,
gracias al trabajo de una araña
que siempre le hacía
compañía y que era su
mascota favorita.

Por fin, el día
nocturno había llegado,
el viejo castillo se veía
horrorosamente hermoso con sus
paredes escarapeladas, sus pandillas
de ratas sueltas y esos manchones tan
creativos que pintan el moho y la humedad.
Dado que los tiempos de crisis económicas a
todos nos afectan, incluyendo a los del
más allá, a los del más acá y a los de
en medio, una noche de luna llena,
Trúcula envió, a través de la
chimenea, señales de humo y
polvo a sus amigos más
cercanos por los que sentía
un horror apasionado.

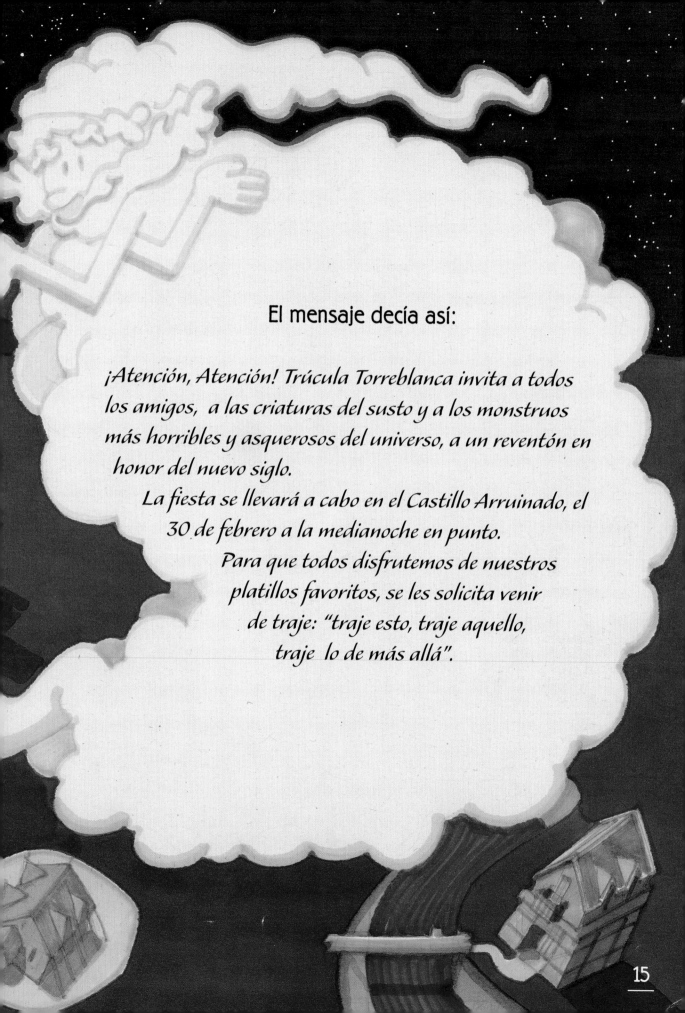

El mensaje decía así:

¡Atención, Atención! Trúcula Torreblanca invita a todos los amigos, a las criaturas del susto y a los monstruos más horribles y asquerosos del universo, a un reventón en honor del nuevo siglo.

La fiesta se llevará a cabo en el Castillo Arruinado, el 30 de febrero a la medianoche en punto.

Para que todos disfrutemos de nuestros platillos favoritos, se les solicita venir de traje: "traje esto, traje aquello, traje lo de más allá".

Los espero con atribulada alegría.

Se prohíbe la entrada a las imitaciones de
monstruos, especialmente a las de peluche y a las
de plástico con circuitos electrónicos.

Atentamente,

La Trucu

Al mensaje respondieron con escalofriante entusiasmo todos sus amigos: que si con un trueno, que con un relámpago, con un aullido en la distancia o con una bola de lodo en la ventana. De una y mil maneras contestaron a la invitación con palabras más, palabras menos, que decían así:

¡Ahí nos vemos!
Te mando un mordisco cariñoso.
¡Grrrrrrr!

Las doce campanadas, rompieron el silencio de la noche:
Tan... Tan... Tan...
Trúcula Torreblanca, de profesión fantasma, sentía que
la sábana se le arrugaba de los purititos nervios.
¿Habrán recibido la invitación todos? ¿Vendrán?

Ojalá que no se les olvide traer su comida...
Tan... Tan...
Su amiga araña y las arañitas ya estaban
muy listas con sus peludas patitas
moviéndolas de aquí para allá.
Tan... Tan...

¿Quién llegará primero? ¿El Hombre Lobo?
¿Drácula, el Coco, la Calaca Laca?

Tan... Tan... Tan...

—¿Estaré suficientemente pálida? —se preguntaba mientras
intentaba verse en un espejo que, como siempre,
no le devolvía su imagen.

¡Tan...!

Una más, tan sólo una más...

"¡TAAAAN...CHUUUUNG!",
estornudó el viejo reloj
y nadie le dijo "¡salud!"
porque todos estaban
muy ocupados.

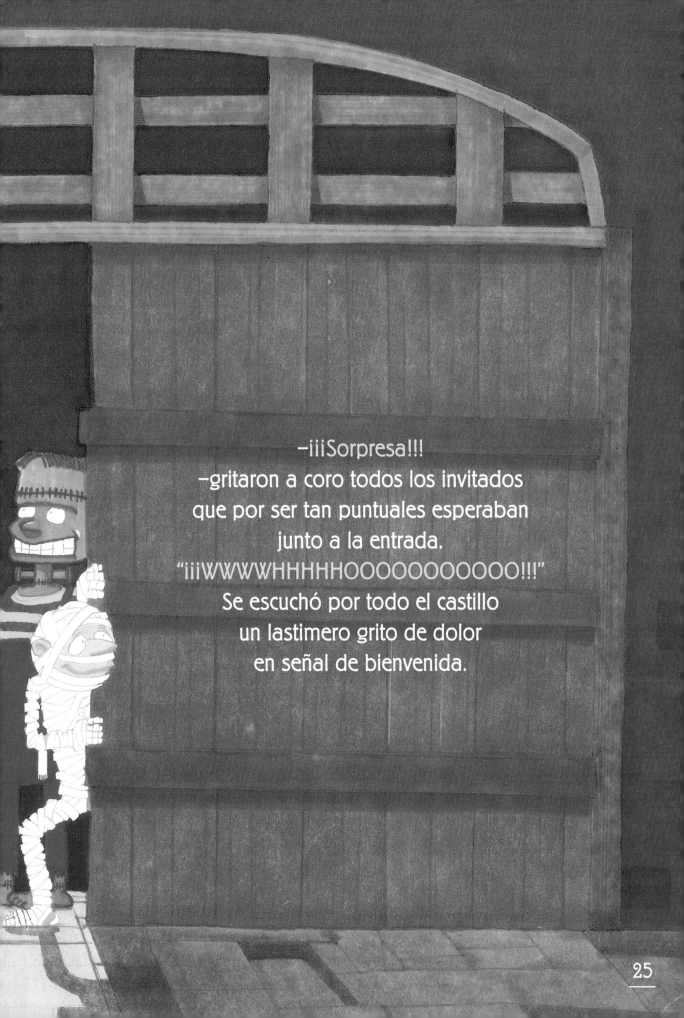

—¡¡¡Sorpresa!!!
—gritaron a coro todos los invitados
que por ser tan puntuales esperaban
junto a la entrada.
"¡¡¡WWWWHHHHHOOOOOOOOOOOO!!!"
Se escuchó por todo el castillo
un lastimero grito de dolor
en señal de bienvenida.

El primero en entrar fue el conde Drácula, muy elegante con su capa de seda negra y sus colmillos aún chorreando sangre por un traguito que se echó del litro y medio que llevaba para compartir.

—¡Mmmmhhh! —se lamió los bigotes—; sangre de tarántula... ¡me encanta!

El Gato Nicolás, que si bien no era un monstruo, era un gato muy malo y por eso lo aceptaban. Traía una bolsa de tripas, pues estaba convencido de que eran una delicia al paladar.

Un ratón que más que malo
era malísimo, llegó en el sombrero
del Hombre Lobo. Como no le
alcanzó el dinero para comprar
un buen queso, únicamente traía
un frasco con el olor y un kilo de
hoyos de queso gruyèr.

La Calaca Laca, se presentó con un grupo de amigas
y su botella de leche, pues esta bebida tiene tanto calcio,
que es excelente para fortalecer los huesos.
A ritmo de rock entraron cantando:

"¡Ahí viene la plaga…!
¡Me gusta bailar!".

A la Mano Peluda le encantan las moscas
y los mosquitos en la ensalada, y se llenó de contento
al ver que el Hombre del Costal traía
unas cucarachas fritas y escarabajos en almíbar...
—¡Mhhhh…! ¡Como para chuparse los
pelitos de los dedos!

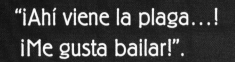

El platillo favorito de la Llorona son los gusanos. Le encanta sentir cómo se deslizan por su garganta y le hacen cosquillas en las amígdalas mientras ella llora. El Fantasma Inglés no llegó con los demás.

Como buen fantasma que se respete, simplemente apareció y si traía algo para comer, era tan transparente como él, porque nadie lo vio y menos, pudo probar.

Trúcula Torreblanca, de profesión
fantasma, estaba, aunque suene
extraño... ¡encantada de la vida!
La fiesta estaba resultando
maravillosamente horrible.

Claro que sucedieron algunas cosas chuscas, como cuando el conde Drácula platicaba animadamente con su colega Frankenstein y por estar distraído, tomó sin mirar el vaso de la Calaca, por lo que en vez de un delicioso trago de sangre fresca, su boca se llenó de ese asqueroso sabor a vaca suiza... ¡A natas!

—¡Auxilio! ¡Fuego! —gritó mientras corría al jardín para enjuagarse la boca en un charco lleno de renacuajos. La Llorona, que se dio cuenta de todo, dejó de llorar un momento y le llevó un taco de moronga para animarlo.

—¡Ooghhh! —escupía don Drácula.

—¿Cómo les puede gustar el calcio líquido?
A las Calacas y a los Calacos les hizo tanta gracia la broma
que salieron a bailar a la pista con tanto entusiasmo,
que en una vuelta de rock, a la Calaca Laca
se le desparramaron los huesos por el piso.
La música se detuvo, todos la rodearon con gran
preocupación. Las caras largas se multiplicaron.

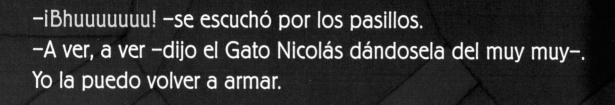

—¡Bhuuuuuuu! —se escuchó por los pasillos.
—A ver, a ver —dijo el Gato Nicolás dándosela del muy muy—.
Yo la puedo volver a armar.

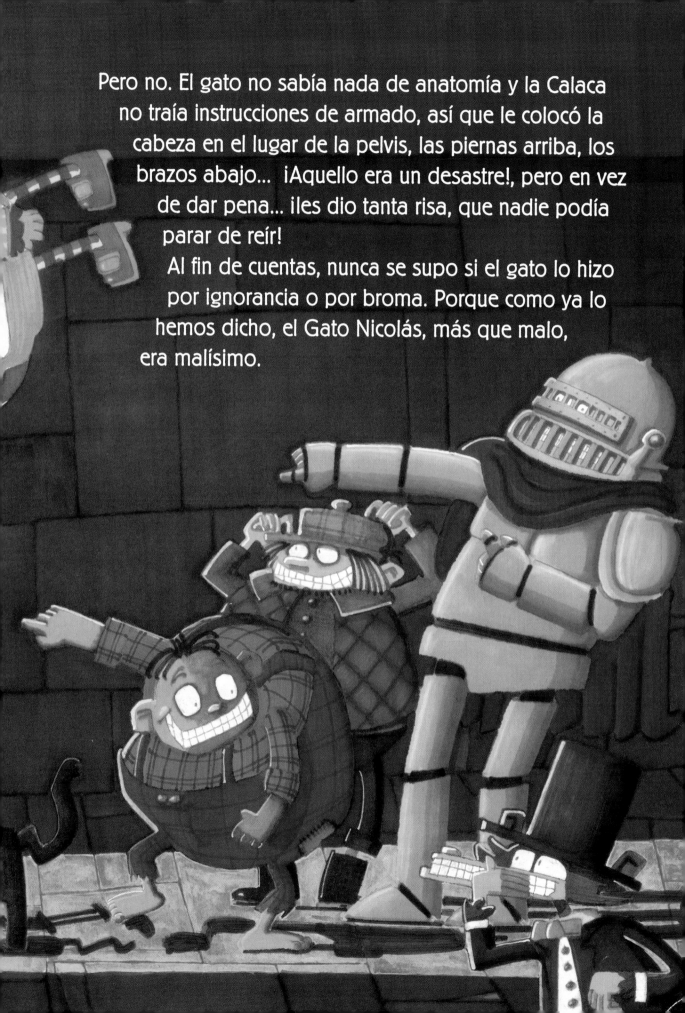

Pero no. El gato no sabía nada de anatomía y la Calaca no traía instrucciones de armado, así que le colocó la cabeza en el lugar de la pelvis, las piernas arriba, los brazos abajo... ¡Aquello era un desastre!, pero en vez de dar pena... ¡les dio tanta risa, que nadie podía parar de reír!

Al fin de cuentas, nunca se supo si el gato lo hizo por ignorancia o por broma. Porque como ya lo hemos dicho, el Gato Nicolás, más que malo, era malísimo.

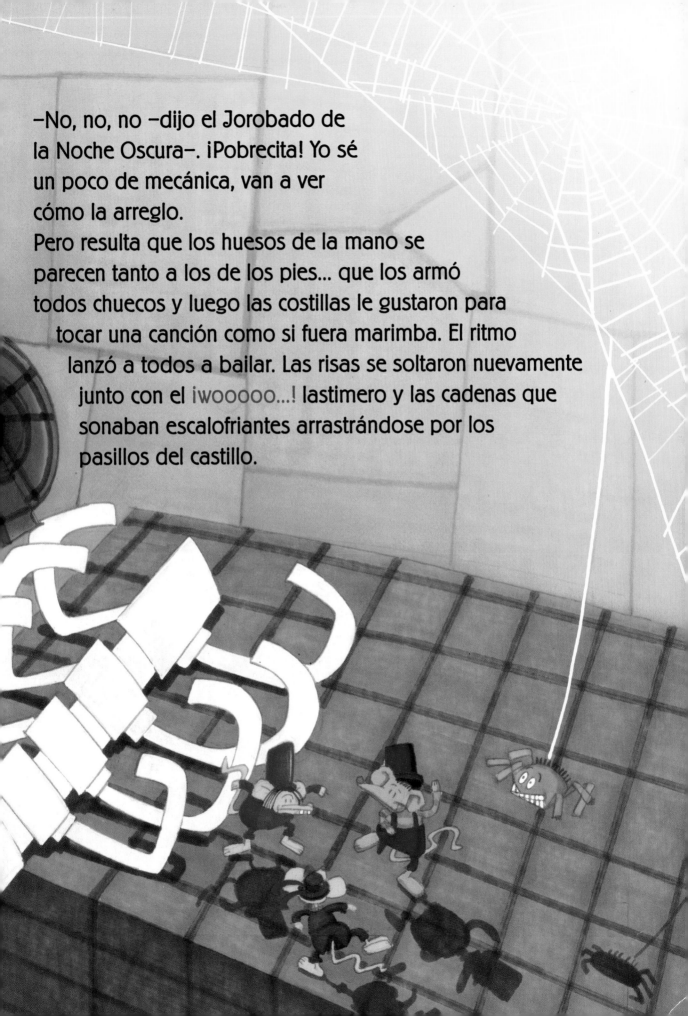

—No, no, no —dijo el Jorobado de
la Noche Oscura—. ¡Pobrecita! Yo sé
un poco de mecánica, van a ver
cómo la arreglo.
Pero resulta que los huesos de la mano se
parecen tanto a los de los pies... que los armó
todos chuecos y luego las costillas le gustaron para
tocar una canción como si fuera marimba. El ritmo
lanzó a todos a bailar. Las risas se soltaron nuevamente
junto con el ¡wooooo...! lastimero y las cadenas que
sonaban escalofriantes arrastrándose por los
pasillos del castillo.

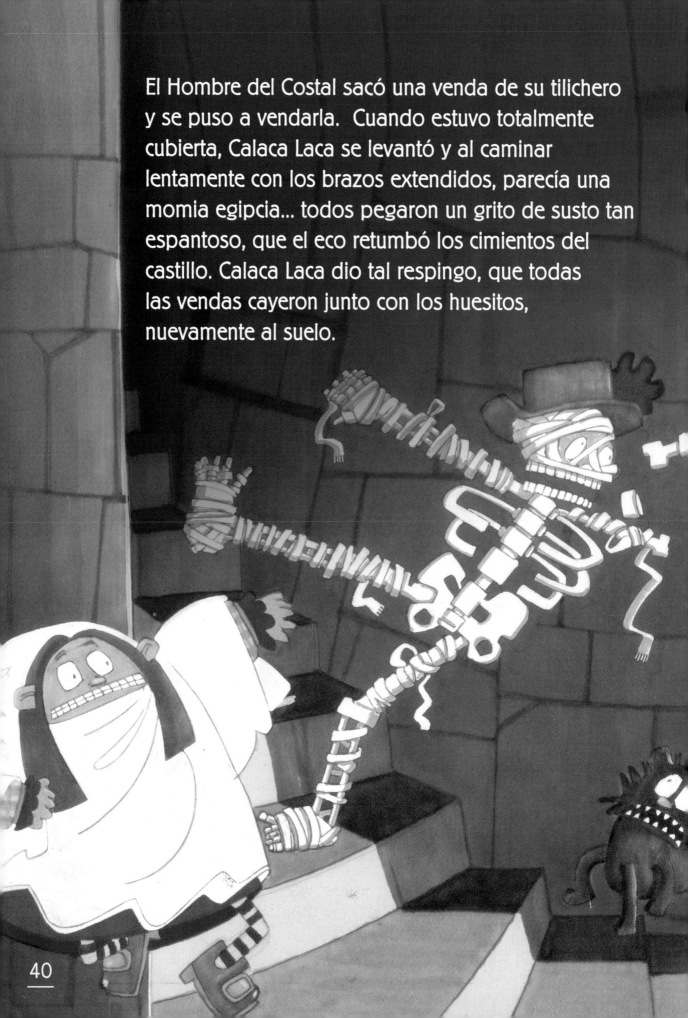

El Hombre del Costal sacó una venda de su tilichero y se puso a vendarla. Cuando estuvo totalmente cubierta, Calaca Laca se levantó y al caminar lentamente con los brazos extendidos, parecía una momia egipcia... todos pegaron un grito de susto tan espantoso, que el eco retumbó los cimientos del castillo. Calaca Laca dio tal respingo, que todas las vendas cayeron junto con los huesitos, nuevamente al suelo.

Nadie sabía que hacer.
Todos se miraban
desconsolados.
La Llorona se puso a
llorar más fuerte,
ya que ese era su
deporte favorito y en
eso nadie le ganaba.

La Trucu, preocupada de que la fiesta se fuera a convertir en velorio, tuvo la idea de poner de nuevo música y… ¡Oh, sorpresa! Cosa de magia diría yo. Apenas sonaron redoble de tambores y "ton ton" de los bongós, Calaca Laca de un solo brinco se puso de pie y con un chiflido llamó a los huesos grandes

y a los chiquitos para que se pusieran en su lugar.
—¡Fiu fiu! —se escuchó por toda la sala de fiesta.
Y como si todo hubiera sido simplemente un espectáculo artístico, Calaca Laca hizo una profunda reverencia al público monstril que la aplaudía rabiosamente.

La dueña del castillo sonreía dichosa. El Fantasma Inglés le estaba sonando las cadenas de una manera romántica y ella, como no queriendo la cosa, movía la sábana con cuidado para que no se viera el parche de mezclilla que traía pegado desde hace más de 20 años, cuando esos pantalones se pusieron de moda.

En eso... ¡PLAFF! ¡Oscuridad total!
La Mano Peluda no podía verse ni
siquiera los pelitos. Drácula
abrazó a la Llorona y se
pusieron a temblar.

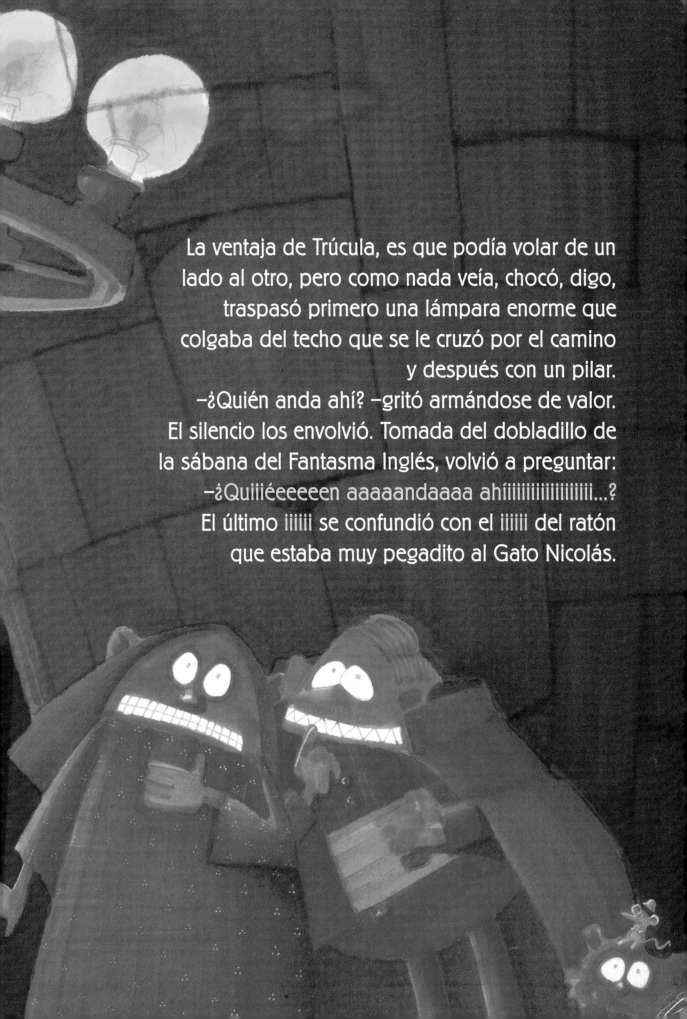

La ventaja de Trúcula, es que podía volar de un lado al otro, pero como nada veía, chocó, digo, traspasó primero una lámpara enorme que colgaba del techo que se le cruzó por el camino y después con un pilar.

—¿Quién anda ahí? —gritó armándose de valor.
El silencio los envolvió. Tomada del dobladillo de la sábana del Fantasma Inglés, volvió a preguntar:

—¿Quiiiéeeeeen aaaaandaaaa ahíiiiiiiiiiiiiiiiiiii...?
El último iiiiii se confundió con el iiiiii del ratón que estaba muy pegadito al Gato Nicolás.

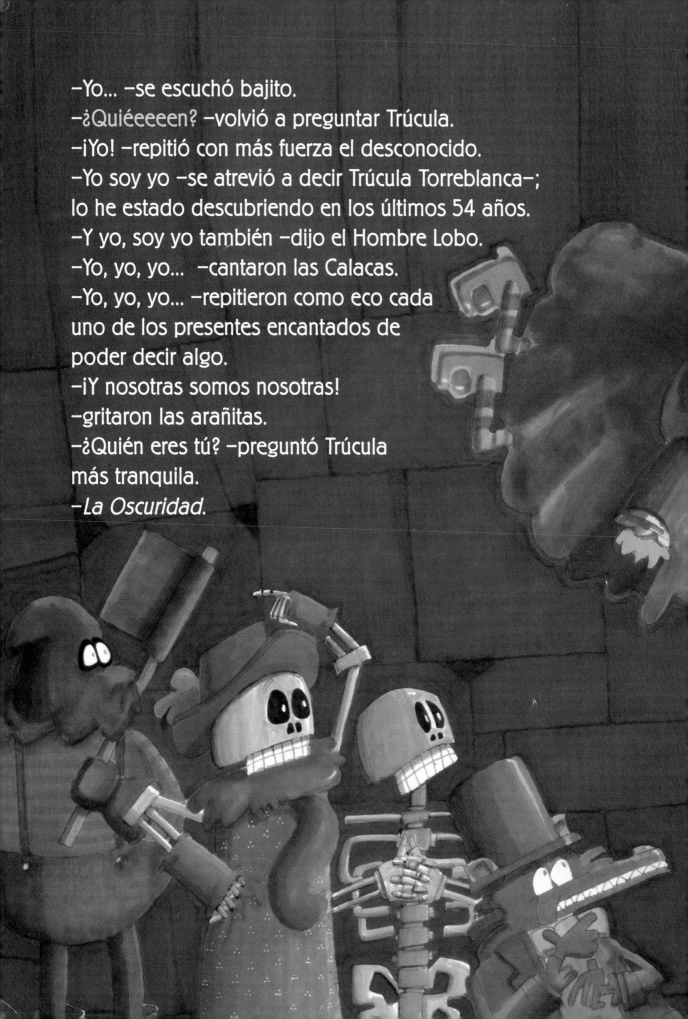

–Yo... –se escuchó bajito.

–¿Quiéeeeen? –volvió a preguntar Trúcula.

–¡Yo! –repitió con más fuerza el desconocido.

–Yo soy yo –se atrevió a decir Trúcula Torreblanca–;
lo he estado descubriendo en los últimos 54 años.

–Y yo, soy yo también –dijo el Hombre Lobo.

–Yo, yo, yo... –cantaron las Calacas.

–Yo, yo, yo... –repitieron como eco cada
uno de los presentes encantados de
poder decir algo.

–¡Y nosotras somos nosotras!
–gritaron las arañitas.

–¿Quién eres tú? –preguntó Trúcula
más tranquila.

–*La Oscuridad.*

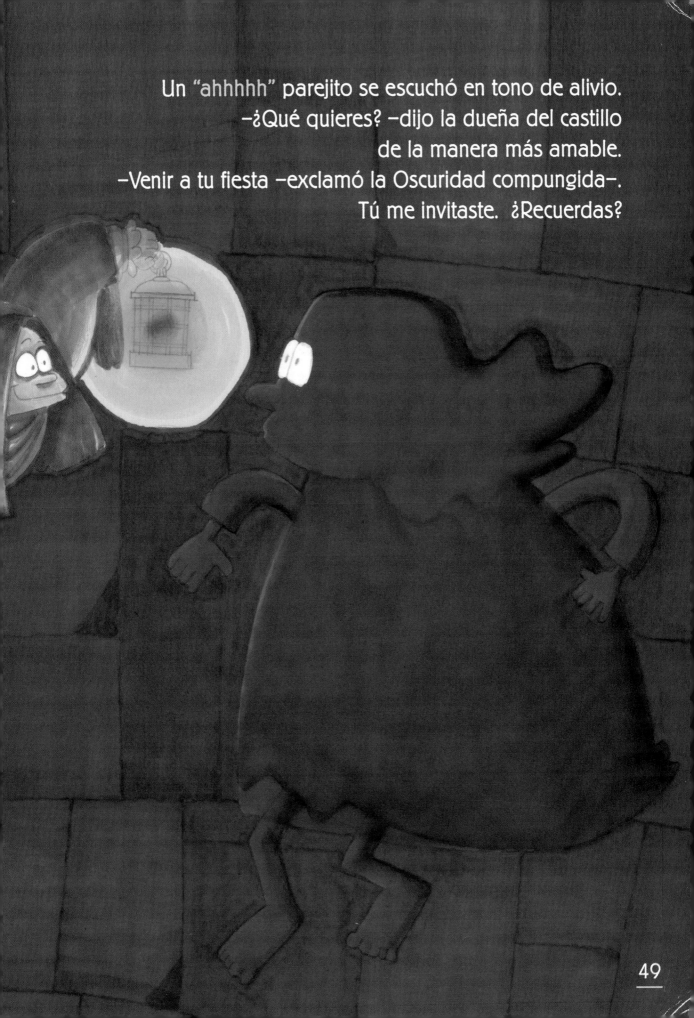

Un "ahhhhh" parejito se escuchó en tono de alivio.
—¿Qué quieres? —dijo la dueña del castillo
de la manera más amable.
—Venir a tu fiesta —exclamó la Oscuridad compungida—.
Tú me invitaste. ¿Recuerdas?

–Es cierto, yo invité a todos los bichos que les dan miedo a los niños y por supuesto, tú eres uno de los más importantes.

–¡Buuuuuh! –lloraba la Oscuridad–. Ese ha sido siempre mi problema, cuando me quiero divertir y asustar a alguien... ¡Plaff! encienden la luz... y tengo que huir. ¡Sufro mucho!

–Ya, ya –trató de calmarla la organizadora, no es para tanto… ¿Cuál es tu problema? Ya estás en la fiesta... ¿Qué más quieres? ¡Diviértete!

—¡Iiiiiii...! Como me imagino que no has de comer mucho...
—interrumpió bajito como no queriendo el ratón— yo tengo
unos agujeros de queso que están deliciosos... o si quieres
tan sólo el olor...

—¿Te gustan las cucarachas fritas? —preguntó el Hombre
del Costal.

—¿Las moscas y los mosquitos...?

—¿Ya ves? —suspiró tranquila doña Trúcula—.
Todos queremos convivir un rato contigo.

–Gracias pero no puedo –insistió la Oscuridad–; si quieren que yo me quede, tendríamos que apagar todas las luces como ahorita, eso hará que nadie pueda ver y que ocurran accidentes como el que le sucedió al conde Drácula.

–¡Ough! –dijo éste al recordar el horrible sabor del calcio.

–¿Qué hacer? –preguntó Trúcula–. La Oscuridad es mi invitada y no podemos dejar que se vaya.

–¡Buuuuuh! –lloraba la Oscuridad–. Sufro tanto, nadie me comprende.

–Ya, ya, morenita –dijo Frankenstein, que cuando se ponía tierno, no había quien le ganara–. Creo tener la solución, la química es mi fuerte.

—Vengan —llamó a todos— ayúdenme
a buscar los ingredientes.
Trucu, coqueta, jala la sábana a su Fantasma
Inglés que después de tantos años aún no se
atreve a decirle ni hola en su idioma natal y
qué bueno, porque la Trúcula, quien no lo
habla, tampoco sabría contestarle
ni siquiera yes.

La solución
de convivir con la
Oscuridad resultó más
sencilla de lo que a
primera vista parecía.

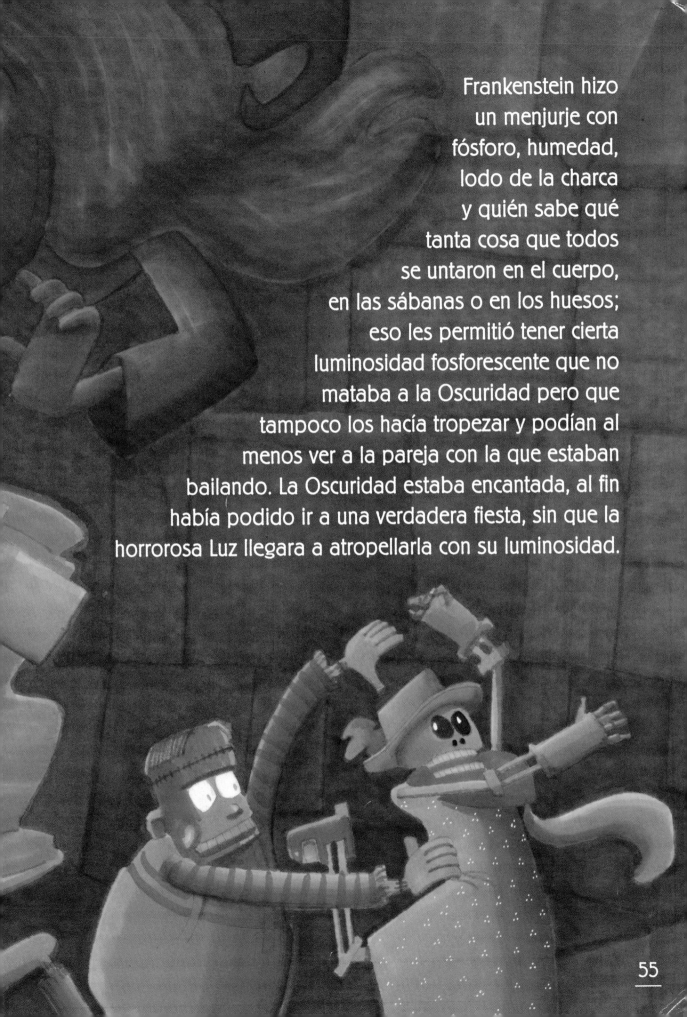

Frankenstein hizo un menjurje con fósforo, humedad, lodo de la charca y quién sabe qué tanta cosa que todos se untaron en el cuerpo, en las sábanas o en los huesos; eso les permitió tener cierta luminosidad fosforescente que no mataba a la Oscuridad pero que tampoco los hacía tropezar y podían al menos ver a la pareja con la que estaban bailando. La Oscuridad estaba encantada, al fin había podido ir a una verdadera fiesta, sin que la horrorosa Luz llegara a atropellarla con su luminosidad.

El canto de un gallo cercano les paró de punta los pelos
a todos, en especial a la Mano Peluda; el odioso sol con su
calor bochornoso y su escandalosa claridad estaba por llegar.
—¿Por qué no se le pegaron las sábanas? —se quejaba alguno.

Trúcula Torreblanca escondió una lágrima transparente entre
los pliegues de su sábana, cuando en un parpadear de ojos
desapareció el inglés, llevándose su comida, si es que
la trajo, su ilusión y su misterio, y junto a su araña favorita

despidió a sus amigos en la puerta ofreciendo estar
siempre en contacto para volver a organizar
una fiesta tan divertida como ésta.

–Únicamente nos
falta –dijo en medio
de un larguísimo suspiro–,
que sea un 30 de febrero
y que igual que hoy,
el domingo caiga
entre semana.

GLOSARIO

Taco de moronga: La moronga, como la morcilla se prepara con sangre de vaca, cebolla y otros condimentos; con tortillas de maíz o de harina se preparan unos tacos deliciosos.

Calaca: Nombre que se utiliza en algunos países de América Central y en México para mencionar a las calaveras, esqueletos, muerte. José Guadalupe Posadas, grabador mexicano de principios del siglo XX, se hizo famoso por sus grabados de calaveras y calacas.

Calaco: Masculino de calaca.

Calaca Laca: Juego de palabras para hacer un nombre más sonoro.

Tripas: Son los interiores, llámese panza, intestino, abdomen.

Tilichero: Es una bolsa o cajón donde se guardan baratijas o cosas semejantes. (¡tesoros!).